遇见最美的自己

——基于综合实践活动的生涯教育 ·初中版·

总主编　欧　健　邓晓鹏

本册主编　崔宏晶　秦绪宝

西南师範大學出版社

国家一级出版社　全国百佳图书出版单位

遇见最美的自己——基于综合实践活动的生涯教育（初中版）
YUJIAN ZUIMEI DE ZIJI——JIYU ZONGHE SHIJIAN HUODONG DE SHENGYA JIAOYU（CHUZHONGBAN）

总 主 编：欧　健　邓晓鹏
本册主编：崔宏晶　秦绪宝

责任编辑：伯古娟
责任校对：赵　洁
装帧设计：熊　熊
绘　　图：童梦插画设计工作室
排　　版：黄金红
出版发行：西南师范大学出版社
地址：重庆市北碚区天生路2号
邮编：400715
印　　刷：重庆俊蒲印务有限公司
幅面尺寸：185 mm × 260 mm
印　　张：5.75
字　　数：115千字
版　　次：2020年10月第1版
印　　次：2020年10月第1次印刷
书　　号：ISBN 978-7-5697-0440-2
定　　价：16.80元

编写委员会

总 主 编：欧　健　邓晓鹏

本册主编：崔宏晶　秦绪宝

编 写 者：康晶晶　刘　轶　王欢欢　陆智远
　　　　　张　涛　殷振洋　何均发

序

XU

新高考改革，出发点就是让学生拥有自主选择、自我负责的学习权。此种导向要求中学进行育人方式的变革，为学生开设生涯教育的课程，给予学生人生规划的指导，引导学生认知自己，明确自己的兴趣、性格、优势、价值取向，让学生以此为基础认识外界，更好地为自己设立生涯目标，并根据已拥有的资源规划实现目标。《遇见最美的自己——基于综合实践活动的生涯教育》（高中版、初中版）两册主体教材，正是西南大学附属中学先于国家政策试点，通过不懈的实践探索，收获的基于综合实践活动推进生涯教育的特色研究成果。

如何通过生涯规划课程的学习引导学生学会自主选择，这一重要议题为我国教育改革与发展开拓了一个新的领域。《遇见最美的自己——基于综合实践活动的生涯教育》（高中版、初中版）两册主体教材，从实践的角度架构了基于综合实践活动的生涯教育的基本框架，为服务于学生生成发展的育人模式的构建、学校教育品质的提升和学校实践改革的推进提供了重要启示，研究具有开拓意义。

第一，该套教材的目标定位和内容选择，是以“助学生找到人生方向”为根本宗旨，贯穿初高中，培养个体人生规划意识与技能，指导学生学会学习、学会选择，在充分认识自我和理解社会的基础上，平衡个人发展和社会发展的需求，初步设计合理的人生发展路径，促进个体生涯发展活动，提升生涯素养。

第二，教材的设计与安排，坚守“学生是学习与发展的主体”这一根本理念，不仅初高中分阶段相互衔接，进行了一体化设计，更重要的是通过活动为学生搭建主动选择的平台，以研究性学习、社区服务、社会实践、研学旅行、设计制作、职业体验等综合实践活动为载体，引导学生在活动中明确人生奋斗目标并激发生涯学习动力，而不是简单地为学生提供品类繁多的“超市商品”让学生选择。

第三，学校还开发了《国粹武术》《食育课堂 ·助力成长》《生物实践与创意生活》《数学视角看生活经济》《水科技与健康生涯》《乡土地理 ·九门实践》等配套教材，结合校内外的学习实践和生活实践，将基于综合实践活动的生涯教育理论渗透到学科课程中，为学生生涯发展提供重要教育平台和资源，弥补学生社会经历缺乏、生活经验不足、实践体验机会太少等生涯教育短板，促进生涯教育过程性和动态性发展。主体教材和辅助教材相辅相助，将生涯教育和综合实践活动有效融合，让学生在沉浸式的体验中感知自己、认知职业、畅想未来。

第四，教材贴近学生，语言平实生动，联系初高中生活学习实际，通俗易懂;图文并茂，既有趣味漫画形象，又有学生实践的光影记录，并以漫画和学校风景为各章节首页，观之可亲。学生可从课堂内的探索活动、课堂外的校本实践中深刻体验生涯力量，还可在教师的引导下从活动链接中习得生涯领域的重要概念及理论，为未来的生涯发展做好积累。

总体而言，整套教材以综合实践活动为基础，融入学科课程和劳动教育，以提升学生生涯规划能力为目的，不断强化适合生涯发展的认知能力、合作能力、创新能力、职业能力，力图帮助学生适应并服务于社会，获得终身学习、终身幸福的能力。

教书育人在细微处，学生成长在实践中。本套教材的出版，将丰富生涯教育的承载形式，为中小学开展并落实基于综合实践活动的生涯教育提供可借鉴的案例，有效加强中学生生涯教育，促进学生全面发展、终身发展和个性发展。希望广大学生也可以像西大附中学生一样“在最适合的时候遇到最美的自己”，希望更多的学校像西大附中一样 “为学生一生的生涯幸福奠基，让他们成长为自己满意的样子”。

裴娣娜

2020 年 10 月 1 日

（裴娣娜：北京师范大学资深教授，博士生导师，当代教育名家，中国课程与教学论首席专家，全国教学论专业委员会主任）

前言

QIANYAN

寒来暑往，西南大学附属中学在生涯教育这片热土上已躬耕十数年。多年实践让我们相信，学校的课程、活动、校本教材都应回到问题的原点：什么是教育？

教育，是将自然人培养成社会人的过程，是帮助每一个孩子认识自己、发现自己，让他既能成长为自己心中最美的样子，又能符合国家、社会对人才的需求。

因此，我们希望实现这样一种生涯教育：让学生有智慧地参与综合实践活动，从活动中生发智慧；让学生有德性地参与综合实践活动，在活动中完善德性；让学生带着对美的追求参与到活动中，在活动中提升创造美的能力。一个拥有智慧与德性、能够欣赏美创造美的个体，定然能够在瞬息万变的世界里立定脚跟，也能够在喧喧嚷嚷中细心呵护一枝蔷薇。

秉持这样的理念，我们编写了《遇见最美的自己 ——基于综合实践活动的生涯教育》系列教材，着力帮助学生更好地适应未来不同阶段的身份、角色。希望学习此书的孩子们，不必因为不懂自己、不明环境、不会选择而错失遇见最美自己的机会。请打开这本书，热情地投入到探索活动中，感知自己的心跳起伏，喜恶悲欣；细细品读每个生涯故事，观察他人的生活，触碰更多可能；更要在校本实践中交流碰撞，磨砺成长 ……这本书将是孩子们生涯成长路上的小伙伴，陪在身旁，给予力量。希望大家从此学会学习，学会选择，学会生活。

基于综合实践活动的生涯教育是为幸福人生奠基的教育。我相信，当每一个个体恰如其分地成长为自己所喜欢的样子，拥有人生幸福的能力，就同样能为他人带来幸福，为社会创造福祉，为国家幸福而不断奋斗！

欧健

2020 年 10 月 1 日

（欧健：教育博士，正高级教师，西南大学附属中学校长）

目录

MULU

第一单元

我是谁

愿你能够客观全面地认识自己，勇敢做自己！

第 1 课　我是初中生

进入初中，面对一个全新的环境，我们或许会怀揣着憧憬，充满欣喜，但更多时候会感到陌生与茫然，心里缺乏安全感。新的老师、新的同学以及新的学习模式向我们发起了挑战。如何快速融入新环境、适应新角色是一项艰巨的任务，你们准备好了吗？

生涯探索

为了消除同学们对新环境的陌生感，增强大家对初中生的身份认同感，让我们一起来认识我们的新学校吧。

请你拿出老师事先准备好的有关学校的基本信息介绍（包括学校的历史、现状及未来发展情况，各种机构和服务设施，校规校纪和校歌等），以及校园生活攻略（食堂常见菜品、作息制度、校园路线和宿舍规定），然后分小组详细了解关于学校某一方面的信息，并快速记忆相关内容，最后进行小组交流。

交流分享

小组成员讨论对学校的印象，探讨问题：如果你是校长，你会怎么发展学校？

交流分享

各小组派代表在全班交流，各代表发言时先总结本小组成员对学校的印象和评价，然后提出小组的发展方案。

全班同学投票，选出学校发展的最优方案。

青春期是探索身份认同的时期。一个人接受角色规范的要求、愿意履行角色规范的状况称为角色认同。当进行新身份转变的时候，人们都会有紧张不适的感觉，这是因为所处环境变化了，对新角色无所适从。而获得角色认同，能够让我们找到与自己当前状态相匹配的模式，快速消除不适感。

作为初中生的你，已经可以被称作一位合格的“小大人”了。回想一下：你的成长历程中，面临新环境时你经历过哪些不适应的情况？你是怎么解决的？并请你思考：原来的解决方式对你面临的新挑战是否同样适用？除此之外你能否找到其他的适应方式？

时　间	不适应情况	之前的解决方式	其他解决方式
例：小学五年级	跟不上英语课堂的节奏	课前多预习	课余加强相关学习

写完之后，小组成员相互交流讨论，了解别的同学在遇到类似问题时是怎么应对的，将你的成功经验传授给他人。

交流分享

如何才能快速度过心理适应期，从而实现“我是初中生”的角色认同？

生涯实践

请同学们根据自己的实际情况，制订自己的角色转变计划表（可从学习、生活、人际关系等方面思考）。

初中生角色转变计划表

维度（如学习、生活等）	资源（自身特长、家庭支持、过往经历等）	行动步骤	时间期限	任务难度（分低、中、高三档）

写好之后，小组成员之间交流分享自己的计划，探讨以下问题。

交流分享

假如现在是一年之后，你已经完全适应了自己的身份和初中生活，那时候的你会是什么样？你有什么样的心情？（用文字或图画表达均可）

交流分享

那时的你和现在的你相比，有什么不同？

生涯驿站

角色认同的关键在于把握时机，充分调动资源，主动适应新环境和新身份，通过主动改变实现更好的成长。接纳我们生活中时时刻刻都有可能发生的变化，积极地调整，我们可以成为更好的自己。

收获成长

在这节课的活动中，你有哪些收获和感受呢？你做好充分的准备迎接全新的初中生活了吗？

第 2 课　我的“自画像”

中学生正处于青春期，自我意识的分化促使大家更加关注自我，会思考“我是谁”“我是什么样的人”“我将来要做什么”等。影响个体自我意识的因素除了与人的自我态度、成长经历、生活环境有关以外，还与同学、父母、教师等重要人物对自己的评价、态度有关。

每个人其实都有内在的独特自我。到底一个人应该如何做才能够真正地了解这个“独特的自我”呢？让我们开始自我的探索之旅吧！

生涯探索

请你用具象的事物（动物、植物、卡通人物等）代表自己，进行我的“自画像”的描绘和自我优缺点的分析。你认识的自己是什么样子呢？你有哪些优缺点呢？请画一个具象的事物来代表自己。

我的“自画像”

我的自评

我的优点	我的缺点

有一只小羊，它的左耳朵不是嫩粉色的，而是黄色的，它讨厌这只不一样的耳朵。小羊经历了痛苦和绝望，最后发现只要肯定自己，勇敢地做独特的自己，一切就会变得很美好。改变自己的心态，那一抹从来没有变过的黄色也可能变成美好的闪光点。

看看这几幅自画像和作者对自己优缺点的剖析吧。

我的“自画像”

我的自评

我的优点	我的缺点
有些事可以静下心做	有时有些消沉
爱看书	记性差
动手能力强	容易情绪化
爱画画，画得好	不能坚持
有小聪明	懒
爱动脑筋	没自信
笑点低，常笑	不会表达
爱想象	经常只“想”不“做”
不会被外界干扰	时而暴躁
胃口好	身体超重
孝顺	矮
会觉察到人的情绪变化	近视

我的“自画像”

我的自评

我的优点	我的缺点
聪明机智	身材矮小
思维灵活	性格内向
做事认真	体质虚弱
考虑周全	不善表达
精益求精	软弱
严谨果断	懒散
努力上进	字迹差
善良	不够漂亮
善于思考	有时不够自律
敢于批评	说话太直

我的“自画像”

我的自评

我的优点	我的缺点
自信	敏感
大方	小气
阳光	容易发脾气
社交能力强	没耐心
动手能力强	很少关心别人的感受
想象力丰富	常表达不当
知识丰富	喜欢抠字眼

我的“自画像”

我的自评

我的优点	我的缺点
对待工作有责任心	长得黑
书法好	有时会很自私
音准好	体育较差
画画比别人有天赋	不能长期坚持某一件事情
喜欢看书	周末在家时容易分心
独立、不依赖	逻辑思维能力不强
不挑食	有时自大，有时自卑
做事情有计划	不能坚持自我

交流分享

每一个人都难以逃脱主观偏见对我们的限制，所以想要获得客观、公正的评价，需要多方面可信的信息。让我们看看同学眼中的“我”和父母眼中的“我”，从他人的角度再次认识自己。

同学眼中的“我”	父母眼中的“我”

“以人为镜，可以明得失”，引入别人的评价是为了帮助同学们从多角度认识自我。对自我的认识越全面、越客观，就越容易获得自信和勇气。

生涯实践

结合同学和父母对你的积极评价，修改、完善一下你的“自画像”吧！

遇见更美的“我”

生涯驿站

中学生自我同一性的建立与达成需要克服同一性危机，避免同一性混乱。在同一性确立过程中，包含对自己深刻的确信而非产生疑虑，能对自己进行准确的能力衡量和价值定位，确定清晰的目标，并能够进行角色尝试，在自我探索与环境探索的基础上，平衡内在自我与外在自我、内在自我与外在环境的关系。

收获成长

在这节课的活动中，你有哪些收获和感受呢？你能够用一段话来清晰全面地描绘自己吗？

第3课　天生我材必有用

对于现在的你而言，生涯规划所需要解决的内在问题是如何认识自己、如何合理规划、如何积极行动。借助生涯规划的知识与技术帮助同学们认识自我，是整个生涯规划的基础所在。

生涯探索

骆驼长得高，羊长得矮。骆驼说："长得高好。"羊说："不对，长得矮才好呢。"骆驼说："我可以做一件事情，证明高比矮好。"羊说："我也可以做一件事情，证明矮比高好。"

他们俩走到一个园子旁边。园子四面有围墙，里面种了很多树，茂盛的枝叶伸到墙外来。骆驼一抬头就吃到了树叶。羊抬起前腿，趴在墙上，脖子伸得老长，还是吃不着。骆驼说："你看，这可以证明了吧，高比矮好。"羊摇了摇头，不肯认输。

他们俩又走了几步，看见围墙上有个又窄又矮的门。羊大摇大摆地走进门去吃园子里的草。骆驼跪下前腿，低下头，往门里钻，怎么也钻不进去。羊说："你看，这可以证明了吧，矮比高好。"骆驼摇了摇头，也不肯认输。

他们俩找老牛评理。老牛说："你们俩都只看到自己的长处，看不到自己的短处，这是不对的。"

交流分享

老牛为什么说骆驼和羊都是不对的？

骆驼和羊怎样做才是对的？

想要在某一个领域获得成功，就需要具备这个领域的优势智能。我们每个人至少有八种不同的智能，八种智能的多元组合，就构成了每个人独特的优势智能。

我们可以通过观察法和回忆法找到自己的智能组合。请同学们一边看下面的多元智能图，一边思考：我是否具备这种智能？我用这项能力做过哪些事情？效果如何？

交流分享

1. 我最有代表性的三种优势智能是什么？

2. 给这三种优势智能排序，你会怎么排呢？

3. 你用这三种优势智能做过的让你有成就感的事情有什么？

李开复认为：人的成功是多元化的，成功就是做最好的自己，每个人独特的优点就是自信的源泉！可能你自己有一些优势和优点你不曾察觉，现在让你周围的同伴在纸上写下你的优点和潜能吧！

你的优点和潜能

得到了同学们的鼓励和帮助，你有没有感受到：我是一个有价值、有能力、与众不同的人。现在请你集中注意力认真地填写心愿卡，然后把它贴在醒目的地方。它可以时刻激励着我们不断前进哟！

心 愿 卡

我是（　　　），我找到了身上的（　　　）个优点，我最欣赏自己的优点是（　　　　　　　）。我觉得自己（　　　　　　　），我能成为一个（　　　）的人。

生涯实践

为了提升同学们的创造力，发展多元智能、团队合作能力和语言表达能力，我们自主报名、组队参加学校举办的缤纷节中的创客马拉松比赛。请同学们根据老师给出的相关主题，通过小组成员自主思考、创新与行动，马上解决一个实际问题。

活动方案	成果展示

生涯驿站

人与人之间的差异是一种客观现象，我们要学会尊重它、认识它、接纳它、欣赏它和发展它。每个人独特的优势和发展潜能表现在不同的方面，我们要进一步发现自己的独特优势和潜能，确定自己的发展方向，从现在起就为实现人生目标而不懈努力。

收获成长

通过这节课的活动你有什么收获和感受？你能够认识自己独一无二的优势了吗？你能否用一句风趣幽默的话来展示自己的独特优势？

第 4 课　做自己的“超级巨星”

随着时代变迁，“追星”现象出现了低龄化和盲从性等特点。进入青春期后的你，心目中是不是也有了自己的“超级巨星”？你是不是花费了大量的时间、精力和金钱，只为搜集他们的专辑、海报或签名？他们的周边新闻和动态是否成为你每天的热门话题呢？怎么才能够立足自身的成长和发展，树立正确的榜样意识呢？

生涯探索

聊一聊你崇拜的三位“超级巨星”：你为什么崇拜他们？你从他们身上学到了什么？

我心目中的“超级巨星”是：

____

我为什么崇拜他们？

____

____

我和他们有哪些相似的地方？

____

____

交流分享

哪位明星对你影响最大？

他（她）的哪些行为和精神可以激励你不断超越自我？

生涯实践

要追什么样的“星”？

其实在我们身边还有很多行业“明星”值得我们学习。你对什么行业感兴趣呢？找出这个领域有经验的人进行深入了解和访谈，寻找身边的“超级巨星”吧。

如何进行人物访谈活动？

访谈前：确定访谈主题与人物，设计访谈提纲和内容，确定访谈方式、时间和地点；

访谈中：始终关注自己的核心需求，根据需要及时调整访谈方式、内容；

访谈后：整理访谈记录，形成访谈总结报告。

交流分享

访谈方案	总结报告

生涯访谈带我们领略了未来的更多选择，能丰富我们关于职业世界的感性体验。让我们充分融入自己的生涯愿景中去，慢慢成为自己的“超级巨星”吧！

时光旅行

同学们可以把自己经历过的喜欢的场景、人物、事件进行重新组合。想象一下你现在已经乘上了时光穿梭机，到了 10 年后的某一天清晨，你现在在哪里？四周是什么样子？你看到了什么？闻到了什么？听到了什么？你从事着什么工作呢？你工作得开心吗？你最深的感受是什么？你觉得自己未来的生涯发展是怎么样的呢？要实现这个目标，现在的你要怎么做呢？

交流分享

生涯幻游	如何才能做自己的“超级巨星”

生涯驿站

通过对明星偶像的深入了解，我们不仅看到了他们人前的光鲜亮丽，更看到了其背后的辛苦努力。我们不仅应该关注他们的靓丽外表，更应关注他们的精神内涵。学习他们勇于奋斗、拼搏上进的优秀精神。

通过生涯访谈和生涯幻游，树立正确的价值观。让伟人“明星”、行业“明星”、平凡的建设者、普通的劳动者都能成为我们前进的目标和榜样。心中有理想，脚下有力量，努力成为自己的“超级巨星”。

收获成长

通过这节课的活动，你有什么收获和感受？你有信心和勇气成为自己的“超级巨星”吗？如果十年后你在相应行业取得了成功，你会给中学生们什么建议与忠告？

第二单元

我和你

愿你能够悦纳自己和欣赏他人，绽放和谐之花！

第 1 课　万花筒里看世界

每个人都有自己的价值体系。在我们确立个人目标、做出重要决策时，价值观起着非常重要的主导作用。作为初中生的我们正处于价值观形成和发展的阶段，树立正确的价值观在我们的生涯发展中非常重要，它决定了我们如何看待这个世界。让我们一起来探索自己的价值观吧！

生涯探索

我们每个人都有自己的价值观，价值观是我们的行动指南，它决定了我们如何选择。那么，价值观到底是什么样的呢？我们的选择又体现了怎样的价值观呢？下面让我们来进行一场特殊的拍卖会。

活动规则：

1. 假设每人都拥有 1000 万，代表一生的时间、精力和金钱，不可借贷；

2. 底价 100 万，每加价一个单位为 100 万，价高者得；

3. 即便竞拍未得，竞拍已出具的钱也被相应扣除，不得顺延入下次竞拍；

4. 按顺序逐一呈现拍品，将同学们的名字、买到的物品、所花的价钱一一记录在黑板上。

拍品：

（1）喜欢的房子

（2）一生的健康

（3）一张取之不尽的银行卡

（4）几个知心的好友

（5）一粒能使人说实话的药丸

（6）美满的婚姻

（7）吃遍天下美食

（8）成功的事业

（9）好看的容貌

（10）成为班上最聪明的人

（11）环游世界

（12）被每个人喜欢

（13）至高无上的权力

交流分享

你是否买到了你认为最重要的物品？你为什么觉得它最重要？请竞拍成功的同学和失败的同学分别分享活动感受。

在这次活动中，同学们从自己的取舍中了解和思考了自己的价值观，它们恰恰反映了我们的需求。只有低层次的需求得到满足时，我们才会希望更高层次的需求得到满足。这些需求体现在生活和工作中，就决定了我们的价值观。你的价值观里包括哪些需求呢？

在生涯选择中，一个人的价值观是决定因素。价值观探索强调的不是价值观本身，而是获得价值观的过程。一般而言，价值观探索要经过以下过程。

（1）**知己知彼** 了解不同的价值观和需求。这不仅需要辨别与问题有关的价值观以及其他可能有关的价值观，避免片面化，还需要了解自己的需求，做到心中有数。

（2）**深思熟虑** 考虑价值观可能带来的后果。一个人需要对各种不同选择的后果进行认真考虑和衡量，而不是凭借一时冲动贸然选择。

（3）**积极行动** 根据自己的选择采取行动。价值观能左右我们的生活，对日常行为产生举足轻重的影响。一个人如果认为某种东西有价值，就会非常乐意地为之付出自己的时间、精力、金钱甚至生命，积极制订计划，去尝试、实践并完成它。

（4）**与时俱进** 根据实际情况和发展阶段的变化，审视自己的价值观。随着时间、空间、环境等的变化，我们的需求也会随之改变，从而可能导致价值观的变化。因此，价值观需要不断地自我审视和澄清。

生涯实践

一个人如果不了解自己的价值观，遇到事情犹豫不决或者不愿付出，错过机会，到最后很有可能一无所有。所以，我们要尽早确立价值观，并根据自己的选择采取相应的行动。经过前面的探索学习，大家是否对价值观的确立及实施过程有了更清晰的方案？

拍卖很残酷，不管竞争多激烈，最后都只会有一个人得偿所愿。但在现实生活中，只要努力争取，每个人都有机会拥有自己喜欢的物品。现在我们对 1000 万进行重新分配，写出你认为最重要的四件人生拍品，标出相应的金额，并且制订获得它们的切实可行的计划（越具体越好）。

拍品				
出价				
计划				

交流分享

小组成员交流分享自己的人生拍品和实施计划，选出计划最完善、可行性最强的成员，并请他在全班展示说明。

生涯驿站

各种价值观是按一定的逻辑意义联结在一起的。每件拍品都反映了一种价值观，只进行价值观的确立而不作为，将不能达到自己的理想化状态，因此有计划地采取正确的行动非常重要。

收获成长

通过这节课的活动，你有什么收获和感受？你了解自己的价值观了吗？

第2课　看见的力量

学校运动会正在火热进行。在小组足球赛上，拿到球的同学只想着自己出风头，不传球给其他队员；“两人三足”环节，同学间不知道怎么配合节奏，屡屡摔倒；拔河比赛中，有的同学偷懒不用劲儿拉绳子……同学们开始互相指责埋怨，怨声载道，一个个问题如同沸腾的水花，此起彼伏。平时班上就有拉帮结派、不服班干部管理、不配合工作等现象，运动会筹备阶段也没有提前进行小组协商和合理分工 。同学们，你们觉得这中间存在什么问题?

生涯探索

每两个同学为一组，面对面站立，用食指与同伴一起将一支笔水平支撑。在整个活动过程中，组员之间不允许有任何语言交流，按照老师的口令“蹲下”“起来”“旋转360度”等完成任务。

活动升级：每四个同学为一组，面对面站立，四个人用食指夹三支笔水平支撑，在整个活动过程中，组员之间不允许有任何语言交流，按照老师的口令“蹲下”“起来”“旋转360度”等完成任务。

交流分享

分享你的感受。

交流分享

为了充分调动同学们的主观能动性，还可以通过角色扮演、演绎绘本故事、话剧、小品、心理剧等，让同学们感受团结协作的魅力。请分享你的活动方案。

角色扮演和互换能有效起到弱化“自我中心”的作用，帮助大家学会考虑别人的感受和需要，做到“心中有他人”。

生涯实践

学校缤纷节“爱心义卖”活动开始了。请同学们五人一组充分发挥主观能动性，周密准备，策划方案，并把你的体验分享给大家。

策划方案	你的体验

生涯驿站

1. 社会凝聚力：相通于社会整合力，它能协调社会不同因素之间的矛盾、冲突和纠纷，成为统一整体的某种社会力。

2. 在人际关系中，自我理想的实现是指自己在团队中被认可和需要，让自己感觉在团队中有价值。

3. 产生于同伴关系中的合作与感情共鸣，能使同学们获得关于社会更广阔的认知视野。

收获成长

通过这节课的活动，你有什么收获和感受？在今后的团队合作中你会做好哪种角色？起到怎样的作用？会团结协作吗？

第 3 课　和谐人际之花

人与人之间的交往无时无刻不在发生着，我们每天都有意无意地在和周围的人发生着联系，对于这样的联系你了解多少？该怎么处理才恰当？

对于步入青春期的你来说，同龄人的交往在生活中有极其重要的地位。同伴关系对同学们的社会性和情感发生具有独特的贡献，对同学们社会支持感、亲密感的获得也同样不可或缺。

生涯探索

测一测。通过下面的测验，我们可以了解自己的人际交往类型。请就下列问题作答，若答案为“是”，在题前括号里画“√”；若答案为“否”，在括号里画“×”。

（　）（1）碰到熟人时我会主动打招呼。
（　）（2）我常主动打电话给朋友表达思念之情。
（　）（3）我常与不相识的人闲谈。
（　）（4）有朋友来访，我心里感到高兴。
（　）（5）没人引荐时，我很少主动与陌生人谈话。
（　）（6）我喜欢在群体中发表自己的见解。
（　）（7）我同情弱者。
（　）（8）我喜欢给别人出主意。
（　）（9）我做事总喜欢有人陪。
（　）（10）我不容易被朋友说服。
（　）（11）我总是很注意自己的仪表。
（　）（12）如果约会迟到，我会长时间感到不安。
（　）（13）我很少与异性交往。
（　）（14）我到朋友家做客，从不感到不自在。
（　）（15）与朋友一起乘公共汽车时我不在乎谁买票。

（　）（16）我给朋友打电话时常诉说自己最近的烦恼。

（　）（17）我常能交上新的知心朋友。

（　）（18）我喜欢与有独特之处的人交往。

（　）（19）我觉得随便暴露自己的内心世界是很危险的事。

（　）（20）我对发表意见很慎重。

第 1~4，6~13，16~18 题画“√”的记 1 分，画“×”的不记分；

第 5，14，15，19，20 题画“×”的记 1 分，画“√”的不记分。

将 1~5，6~10，11~15，16~20 的分值相加。

1~5 题说明交往的主动性，得分高说明交往偏于主动型，得分低则偏于被动型。

6~10 题说明交往的支配性，得分高说明交往偏于领袖型，得分低则偏于依从型。

11~15 题说明交往的规范性，得分高意味着交往讲究严谨，得分低则说明交往较为随便。

16~20 题说明交往的开放性，得分高意味着交往偏于开放型，得分低则意味着偏向闭锁型；如果得分处于中等水平，则表明交往倾向不明显，属于中间综合型的交往者。

交流分享

你的测验结果是什么呢？

____

____

____

生涯实践

请在白纸上画出三个半径不等的同心圆，分别代表三种人际财富，其中圆心代表自己，同心圆内任意一点到圆心的距离表示心理距离，根据与自己心理距离的远近，在不同的圆中写上不同人的名字。

写在最小同心圆内的属于你的“一级人际财富”，你愿意让对方走进你的内心深处，与之分享你的痛苦、快乐和秘密，他们是你生命中最重要的成长力量；写在第二大同心圆和最小同心圆之间的是你的“二级人际财富”，你们彼此关心，一起分享快乐，一起努力奋斗，虽然有些秘密无法一起分享，但是他们让你感到温暖；写在最大同心圆和第二大同心圆之间的是你的“三级人际财富”，这些朋友可以是见面打个招呼的朋友，也可以是曾经比较亲密但渐渐疏远，在你心目中仍占有一席之地的朋友，也可能是平时难得见面，但逢年过节不会忘记互相问候一声的朋友。

同心圆外的空白代表你的“潜在人际财富”，尽力搜索你的记忆，把那些虽然疏远，但仍然是你的潜在人际财富的人的名字记下来。

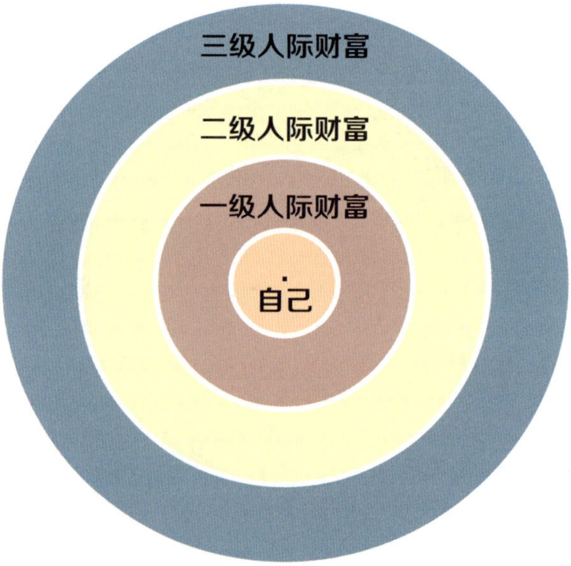

人际财富图

交流、分享自己的人际财富，思考人际财富给自己生活带来的影响，并认真反省自己的人际交往状态，找出自己在交往中的优点和不足，明确努力方向。

交流分享：

我最重视的人际交往对象是 ____________________；

我的人际交往圈的人数是 ____________________；

我的人际交往特点是 ____________________；

我在人际交往中的优势是 ____________________；

我在人际交往中存在的问题是 ____________________。

生涯驿站

在所有图形中，三角形最具稳定性，而在人际交往中，也有一个“三角”，它可以保障我们的人际关系既良好又稳定。这个“三角”，就是我们所说的“黄金三角原则”。交际中的“三角原则”指的是：与人交往时要尊重他人、理解他人、帮助他人。之所以称其为“黄金三角原则”，是因为它在交际中像黄金一样弥足珍贵。

收获成长

通过这节课的活动，你有什么收获和感受？你找到打开心灵枷锁的钥匙了吗？

第 4 课　呵护心灵的港湾

家是人生的起点，家是心灵的港湾，是人生的驿站。我们在成年后所形成的稳定性格特征、思考问题的角度、和他人互动的模式、价值观、品质等大都来源于此。如何客观、全面、理性地看待家庭带给我们的成长资源，在生涯发展中有积极的意义。

生涯探索

父母的很多情况我们都不太清楚，我们可能不知道他们最爱吃的是什么，爱好是什么，更不清楚他们面对这么多的责任要如何平衡。和父母朝夕相处的我们，可能对他们的了解和关心都不够。

填写这份调查表，用心体会父母所承担的生活压力，并与同学展开自由交流。

	个人情况	社会情况	备注
爸爸	年龄： 爱好： 生日： 优点： 缺点： 身体状况：	工作： 每天工作时间： 业余时间做的事情：	
妈妈	年龄： 爱好： 生日： 优点： 缺点： 身体状况：	工作： 每天工作时间： 业余时间做的事情：	

交流分享

你对父母的了解和关心够吗？如果认为自己做得足够好，请分享自己在生活中是如何做的，给同学们参考；如果认为自己做得不够，请谈谈具体有哪些方面不足。

生涯实践

我的家庭榜样

1. 在你成长过程中对你影响最大的几位家庭成员是谁？描述他们对你的影响。

2. 这几位成员分别有哪些品质是你最欣赏的？你最不欣赏的有哪些？

3. 你的哪些优势与能力是从家庭成员中学习到的？

4. 家庭成员对你的评价和期待是什么？

我的家庭职业树

每位同学都会得到一张“家庭成员职业调查表”。请同学们带回家，根据表格内容对家庭成员进行访谈，若不方便访谈的亲属可通过向其他亲人了解之后再填写。请你把自己的家庭想象成一棵茁壮成长的大树，你的家庭成员就是你的繁茂枝叶和果实。参考对家庭成员的访谈收集到的信息，绘制属于你的家庭职业树。

完成了资料收集和家庭职业树的绘制之后，请同学们好好观察并思考以下问题。

1. 我的家族中的人最多从事的职业是什么？

____

2. 如何形容家庭成员的职业？它们对我的影响是什么？

____

3. 家族中谁对职业的看法对我的影响比较深刻？

____

4. 家族成员中比较令人羡慕的职业是什么？

____

5. 家人对我未来职业选择的影响是什么？

____

6. 我有哪些兴趣或职业价值观念是来自家人的？

____

7. 我的家人最常提到的有关职业的事是什么？

____

8. 哪些职业是我绝不考虑的？

____

9. 哪些职业是我会考虑的？我最向往的职业是什么？

____

10. 在这棵家庭职业树上，哪些是我生涯发展中的资源？哪些有可能成为限制？

____

11. 通过这些思考，我得到了什么启示？

____

生涯驿站

通过访谈和绘制家庭职业树，可以加强我们对各个行业的了解和认知，明确自身兴趣、性格等要素与职业发展的关联，从而更加有动力奔赴未来的生活，感受生命的绚烂多彩。

收获成长

通过这节课的活动，你有什么收获和感受？家庭成员对你的学习、生活和人生规划有什么影响？

第三单元

我和生活

愿你披荆斩棘，乘风破浪，拥抱绚烂多彩的人生！

第1课 你好，考试

雨涵学习一直很努力，她上课认真听讲，注意力集中，积极回答老师的问题，对有些问题总能有自己独到的见解，课后还经常帮助学习有困难的学生，受到老师和同学的夸奖，家长也对她寄予很大的期望。但奇怪的是，一遇到期中、期末等重要的考试时，她总是很紧张，总是想“万一考砸了怎么办？老师会……同学们会……”“这次的题会不会很难？……”本来平时都会做的题目，考试时却解答不出来。成绩公布后，她不仅对自己很失望，而且心里还特别害怕，导致考试成绩一次不如一次。

在学习中你是否遇到了雨涵这样的现象：平时自己很努力，可是一到考试时，就十分紧张、焦虑，考试成绩总是不尽如人意呢？

生涯探索

考试焦虑在学生群体中是一种非常普遍的现象。有调查研究发现：75% 的学生在考试前都会有紧张、焦虑的情绪。因此，大多数学生在面对重要的考试时都会处于这种状态。其实，并不是所有的焦虑都对学习有害，适当的焦虑可以提高学习的积极性和思维的灵活性。考试焦虑与学习效率之间呈“倒U形曲线”关系，学习效率在一定程度上随着焦虑水平的增加而提高，但是高度的紧张和焦虑则会降低学习效率（如下图），这就是著名的“耶克斯－多德森定律”。

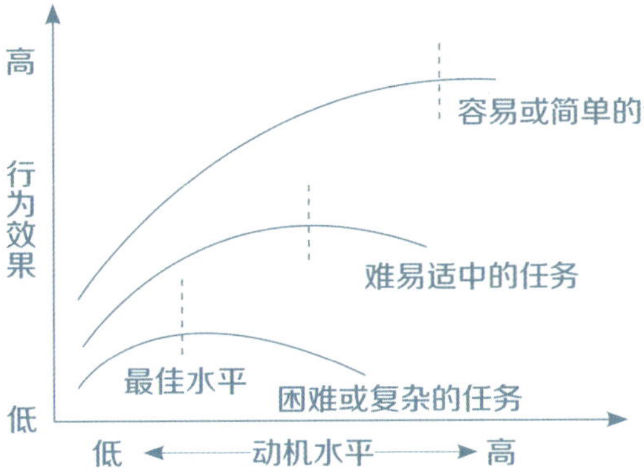

动机水平与行为效果关系图

考试前，看看你自己或周围的同学有没有类似的情况。

情景 1：我一想到第二天有考试，晚上就会睡不着觉，早上也吃不下饭，考试的时候手心出汗，很紧张。

情景 2：我一听到考试的铃声，就会特别紧张，考试的时候脑子里一片空白，平时记得的东西全都想不起来了，在考试后看来很简单的题目，考试的时候怎么也做不出来。

交流分享

你在考试前是什么样的状态？

这些都是考试焦虑的表现：苦恼、担忧、烦躁、无助、胆怯、缺乏信心、自我否定，肌肉紧张、心跳加快、出汗、失眠、没食欲、手足发抖，等。

分析一下：你究竟是在哪一个环节上没有做好，才导致焦虑的呢？

1. 认知评价能力。这包括对考试性质、考试利害关系的预测和对自身应付能力的估计这三个方面。

2. 知识准备与应试技巧。没有学好功课或复习不充分是引起考试焦虑的直接原因。

3. 神经因素和身体素质。神经不稳定和身体素质较差的同学容易出现考试焦虑。

4. 性格特征。内向的人往往过分关注在考试中出现的不适应反应，容易出现负面情绪而使其应付手段越来越无效，产生考试焦虑。

5. 学校因素。部分学校总是以成绩作为唯一标准评价学生，使学生的考试焦虑明显偏高，时刻感到无形的压力。

6. 家庭因素。家长要求过严、期望过高，会导致学生滋生对学习和考试的厌倦情绪，加剧考试焦虑。

7. 社会因素。社会的价值取向和舆论导向会影响学校、家庭的教育方式，影响学生对考试的态度和认知水平，从而影响考试焦虑的水平。

生涯实践

克服考试焦虑的方法

1. 心理调整法

A. 要以积极主动的态度迎接考试；

B. 放下思想包袱，做自己情绪的主人；

C. 复习要全面，不要投机取巧；

D. 适当参加文体活动，保证睡眠时间，精力充沛地参加考试；

E. 考前不要持续高度紧张地复习，与同学散散步、聊聊天，活动活动身体。

2. 自信训练法

A. 把一些含糊的消极暗示用清晰的语言表达出来，在一张白纸上把对考试的忧虑写下来，让自己意识到消极的自我暗示有哪些。

B. 对消极暗示中的不合理成分进行自我辨析，指出这种消极暗示的不现实性和危害，并明确以后应对此采取何种态度，给自己积极的自我暗示。

3. 系统脱敏法

系统脱敏法是在放松的基础上，使过度焦虑者的神经过敏性反应逐渐减弱，直至消除的方法，它对考试过度焦虑具有明显的疗效。系统脱敏中常见的放松法有：

A. 放松时松开个人所有的紧身衣物；

B. 双手轻放在自己的双腿上；

C. 静下心来，闭上眼睛，均匀呼吸；

D. 整个放松训练按照由下至上的原则，脚趾肌肉放松—小腿肌肉放松—大腿肌肉放松—臀部肌肉放松—腹部肌肉放松—胸部肌肉放松—背部肌肉放松—臂部肌肉放松—肩部肌肉放松—颈部肌肉放松—头部肌肉放松；

E. 放松动作的要领是先使该处肌肉紧张，保持紧张状态 10 秒钟，然后慢慢放松，注意感受放松时的感觉。

交流分享

最近一段时间我有考试焦虑的现象吗？

我出现考试焦虑的原因是什么呢？

面对考试焦虑，我有没有采取有效的策略呢？

我在克服考试焦虑的过程中，情绪和心理状态的变化过程是怎样的？

生涯驿站

让我们再来了解一下系统脱敏法。系统脱敏法的具体操作步骤如下。

第一步：列出引起你焦虑反应的具体刺激情景，例如考试。

第二步：将刺激情景按从弱到强的顺序，排列“焦虑等级”，刺激情景引起的焦虑反应要按依次递增的顺序排。例如平时测验、期中考试、期末考试、大型竞赛、中考等。

第三步：通过放松训练形成松弛反应。

第四步：按照焦虑等级，想象具体的刺激情景，在想象过程中若肌肉感到紧张，身体出现焦虑反应，就进行放松训练，直到所有肌肉完全放松为止，这时意味着松弛反应已经抑制了想象中的相应焦虑反应。接下来对第二种情景进行脱敏，以此类推。

收获成长

通过这节课的活动，你有什么收获和感受？你现在学会调节自己的压力和焦虑了吗？

第 2 课　青春三问

王国维是我国近现代相交时期一位享有国际声誉的著名学者。

他的主要作品有《人间词话》《曲录》《观堂集林》等。

后人对他的评价如下。

梁启超："不独为中国所有而为全世界之所有之学人。"

郭沫若："留给我们的是他知识的产物，那好像一座崔嵬的楼阁，在几千年的旧学城垒上，灿然放出了一段异样的光辉。"

生涯探索

王国维的人生三境界：

（1）人生第一境界

"昨夜西风凋碧树。独上高楼，望尽天涯路。"

（2）人生第二境界

"衣带渐宽终不悔，为伊消得人憔悴。"

（3）人生第三境界

"众里寻他千百度。蓦然回首，那人却在，灯火阑珊处。"

交流分享

王国维的这三重人生境界分别表达了什么意思？你是怎么理解的？分享一下你的看法吧！

王国维的人生三境界，形象地表现了我们每一个人在成功路上必然经历的三个阶段：确定目标、执着追求、获得成功。同学们现在不也正在经历着这些吗？

青春三问

你正在面临哪一个人生阶段呢？处于这个阶段，你到底要做些什么、学些什么呢？你对未来有什么规划和展望？

生涯实践

人的行为受到三种时间因素的影响：一是对过去成长痕迹的反省，二是对目前发展状况的审视，三是对未来可能角色的展望。这三者是相互影响的，过去是现在的成因，现在又是未来的基础。生涯彩虹图是一种为个人成长提供直观透视未来的有效工具。

生涯彩虹图由世界职业规划与生涯教育领域最具权威的舒伯提出，他用自然界中彩虹的轮廓形象地反映了人一生的角色在时间上的透视。

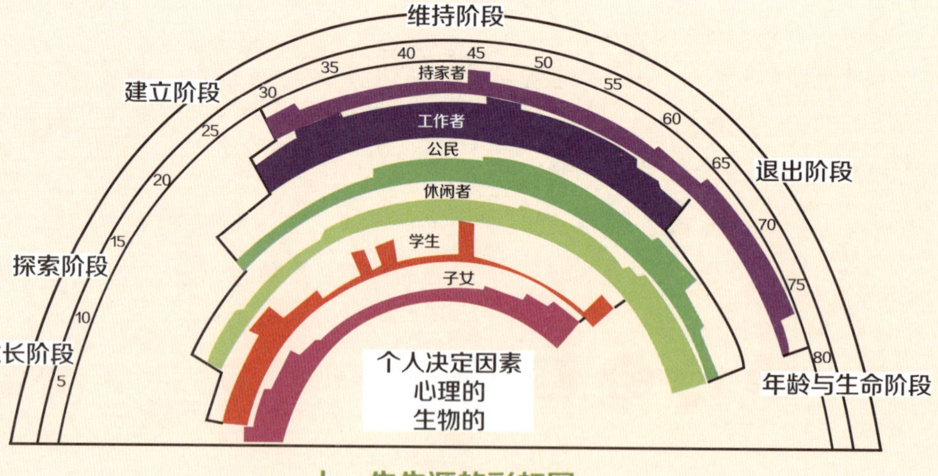

人一生生涯的彩虹图

你能从图中看出这个人一生的发展历程吗？

请画一画你的生涯彩虹图吧！

舒伯的生涯发展阶段理论

生命阶段	年龄段	发展任务
成长期	0~14 岁	找到自己的兴趣和优势能力
探索期	15~24 岁	形成职业偏好并具体化
建立期	25~44 岁	职业确立和稳固
维持期	45~64 岁	获得职业成就和地位
退出期	65 岁以上	职业隐退

预测自己

我的生涯阶段	年龄段	我的生涯角色及投入比例					
		子女	学生	休闲者	公民	工作者	持家者
成长期	____岁至____岁						
探索期	____岁至____岁						
建立期	____岁至____岁						
维持期	____岁至____岁						
退出期	____岁至____岁						

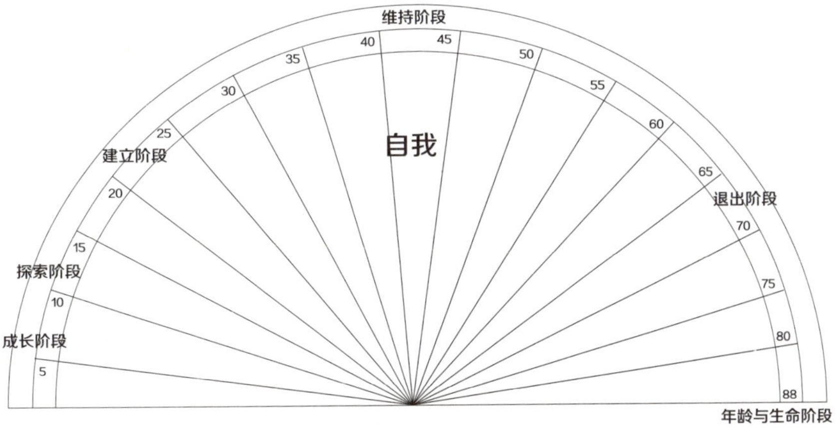

我的生涯彩虹图

生涯驿站

从王国维的人生三境界到青少年的青春三问，借助生涯彩虹图，让我们带上直观形象的未来视角去看待当下的行为，让我们在当下做出更适当的选择，以便未来能遇见理想的自己。通过“预测自己”和“绘制我的生涯彩虹图”活动，我们认识到基于综合实践活动的生涯教育是个人主动建构的结果。让我们思考当下与未来的关联，学着用未来的视角去看待当下的行为与选择。

收获成长

通过这节课的活动，你有什么收获和感受？以未来的视角看待现在的自己，你觉得自己应该如何成长？

第 3 课　求学路漫漫

凿壁借光、悬梁刺股、囊萤映雪、韦编三绝是我们熟悉的典故，它们展现了中华儿女刻苦学习、艰苦奋斗的精神。童第周、华罗庚、陈景润等当代名人在求学阶段孜孜不倦、奋力拼搏，才取得了伟大的成就。求学路漫漫，我们要怎样才能实现自己的梦想呢？

生涯探索

现在我们坐在宽敞明亮的教室里，接受着高质量的教育，你是否思考过自己为什么要学习呢？

《学习的理由》小品扮演

人物：姐姐、弟弟

场景：家

道具准备：试卷、笔

姐：弟弟，今天学习中有什么不懂的地方吗？我可以给你讲解一下！

弟：姐，你烦不烦？在学校要学习，回家还让学！

姐：少壮不努力，老大徒伤悲。现在我们的任务就是学习，好好学习才可能拥有美好的未来。

弟：我觉得读书没什么用。爸爸初中毕业就没上学了，现在照样赚很多钱啊！姐，学习上你也不必花太多心思了，能应付老师就好了。

姐：我才不要像你这样呢！学习是多么美妙的事情啊，每当我解出一道难题时，每当我通过努力取得好成绩时，我都特别有成就感，特别快乐。

弟：（情绪低沉地）我曾经很努力地学习，花费了大量时间在学习上，但成绩没有起色，真的烦死了。而且每天都有做不完的作业，还经常考试，要不是爸妈非让我上学，我才不想上呢！

姐：弟弟，你这样可不行！学习肯定离不开作业，离不开考试，但这些都不是学习的目的。再说你也不是为爸妈而学习，你要弄清楚学习的理由，找到学习的动力。

交流分享

请列出自己学习的3点理由，小组交流。

请就下列问题作答，若答案为“是”，在“是”对应的框内画“√”；若答案为“否”，在“否”对应的框内画“√”。

学习困扰小测试

序号	题目	是	否
1	在学习时你经常感觉疲劳与厌烦，一学习便想睡觉。		
2	学习时你需要他人不断督促，自己很少主动学习。		
3	学习时，你需要鼓足勇气，需要很长时间才能提起精神。		
4	学习中遇到不懂的知识点，你根本不想设法弄懂它。		

（续表）

序号	题目	是	否
5	你只想完成老师布置的作业，不想再额外多练题、看书。		
6	你迫切希望自己能在短时间内，大幅度提高学习成绩。		
7	你常想：自己不用花太多的时间，成绩也会超过别人。		
8	为了及时完成某项作业，你宁愿废寝忘食、通宵达旦。		
9	你常为短时间内成绩没能提高而烦恼不已。		
10	为了把功课学好，你放弃了许多自己很感兴趣的活动，如看电影、体育锻炼、郊游等。		
11	你常认为课本上的基础知识没啥好学的，只有看高深的理论、读名家作品才有意思。		
12	你觉得读书没意思，想去找个工作做。		
13	你愿意花更多的时间在课外读物上，而不是教科书上。		
14	你平时只在喜欢的科目上狠下功夫，对不喜欢的科目则放任自流。		
15	你把自己的时间平均分配在各科上。		
16	你几乎毫不费力就实现了自己的学习目标。		
17	你给自己定下的学习目标，多数因做不到而不得不放弃。		
18	为了实现一个大目标，你不再给自己制订循序渐进的小目标。		
19	你总是同时为实现好几个学习目标而忙得焦头烂额。		
20	为了应付每天的学习任务，你感到力不从心。		

上述 20 道题目可分成 4 组（每组 5 题），它们分别测查你在四个方面的困扰程度：1 ~ 5 题测查你的学习动机是不是太弱；6 ~ 10 题测查你的学习动机是不是太强；11 ~ 15 题测查你在学习兴趣上是否存在困扰；16 ~ 20 题测查你在学习目标上是否存在困扰。

假如你对某组中大多数题目持认同的态度，则说明你在相应方面上的认识还不够，或存在一定程度的困扰。

通过测评，我们发现了自己在学习中存在的问题，那么，我们应当如何解决这些问题呢？

学习动机太弱

我们必须清晰认识到，只有努力学习，不断拼搏才能为未来的人生之路奠定坚实基础。学习时要有明确的学习目标，端正学习态度，养成良好的学习习惯，努力学习。

学习动机太强

学习动机太强易造成心理压力过大，患得患失，甚至产生焦虑情绪。若出现这种情况，需要摆正自己的心态，适时进行自我调节，做到劳逸结合，松弛有度。

学习兴趣不浓厚

浓厚的兴趣是驱动我们努力学习最有效的内部动力。学习时可通过一些方法来增强学习的兴趣，比如找一个比你成绩略好的同学作为努力目标，暗下决心，争取逐步赶上并超过他，以此增强学习的兴趣。

学习目标不明确

学习上，最重要的是有明确的学习目标。在学习过程中，要养成制订目标计划的习惯，为各门学科制定目标。除此以外，也可对学习环节制定目标，如预习目标、课堂听课目标、课后作业目标等。

学习困扰的解决之道

生涯实践

在了解了自己的学习困扰及对应的解决方式后，我们需要制订符合自己实际情况的学习计划。学习计划要明确每日、每周、每月的学习内容，如完成哪些章节的阅读，完成哪些习题的练习等。为了有效利用时间，提高学习效率，你还可将每日的学习计划明确到具体的时间段。请同学们利用下表尝试制作自己的阅读计划。

我的阅读计划

1. 该任务有什么特点?

2. 完成此项任务，我有什么优势?

3. 我的目标是什么?

4. 我可以使用哪些策略或方法呢?

5. 我的周计划：

日期	完成事项	所需时间	可使用的方法
星期一			
星期二			
星期三			
星期四			
星期五			
星期六			
星期日			

6. 我的日计划：

完成上表后，请总结在学习中遇到的问题、你的反思与调整方式。

学习中遇到的问题	我的反思与调整方式

生涯驿站

明确学习目标，制订学习计划只是学习的开始。所谓“求学路漫漫，且行且思索”，良好的学习效果更需要我们每日坚持不懈地去执行学习计划，并在执行的过程中不断反省，不断调整。同时，在学习过程中我们要逐步养成良好的学习习惯，使用科学的学习方法与学习技巧，以实现高效学习。

收获成长

通过这节课的活动，你有什么收获和感受？在上述内容中你列出了3点学习理由，请分析这些理由能否支持你未来的学业。

第 4 课　仰望星空　脚踏实地

1952 年 7 月 4 日清晨，加利福尼亚海岸笼罩在浓雾中。在海岸以西 21 英里（英里，长度单位，1 英里≈ 1.6 千米）的卡塔林纳岛上，一位 34 岁的女人涉水进入太平洋中，开始朝加州海岸游去。她若成功了，便是第一位游过这个海峡的妇女。那天早晨，海水冻得她身体发麻，雾很大，她几乎看不到护送她的船。时间一分分过去，千千万万人在电视机前注视着她。有几次，鲨鱼靠近了她，幸好被人开枪吓跑了。

15 个小时后，她被冰冷的海水冻得浑身发麻。她知道自己不能再游了，就叫人拉她上船。虽然母亲和教练在另一条船上一直告诉她海岸很近了，让她不要放弃。但她朝加州海岸望去，除了浓雾什么也看不到。几十分钟之后，人们把她拉上了船。人们拉她上船的地点，离加州海岸只有半英里！后来她说，真正令她半途而废的不是疲劳，也不是寒冷，而是在浓雾中看不到目标。“如果能够看到陆地，我绝对不会放弃。”

交流分享

针对这个故事，请同学们思考并交流：目标是什么？它有什么作用？

生涯探索

团体活动：摘水果

身高相差不大的6名同学为一组。从教室的天花板上用绳子掉下来三个一样的水果，一种情况是组员原地不动就可以摘到，第二种是需要组员非常努力地跳一跳才能摘到，第三种是无论怎样努力都无法摘到。

通过活动我们可以感受到，第二种高度悬挂的水果更有利于激发我们的潜能和尝试的欲望，能给我们带来挑战，从而体会到挑战后的收获与愉悦，有利于提升自信心。

目标是指引我们前行的明灯，但若目标过高，短期内无法实现，我们很容易因努力后没有成果而丧失斗志，很可能会中途放弃。为此，我们可以将长期目标分解为中期目标，将中期目标再分解为短期目标，将短期目标进一步细化为多个清晰的、可实现的小目标，它们的关系就像一座金字塔。在生活和学习中，我们朝着大目标的方向，从实现最近的小目标开始一步步努力，最终定会实现终极目标。

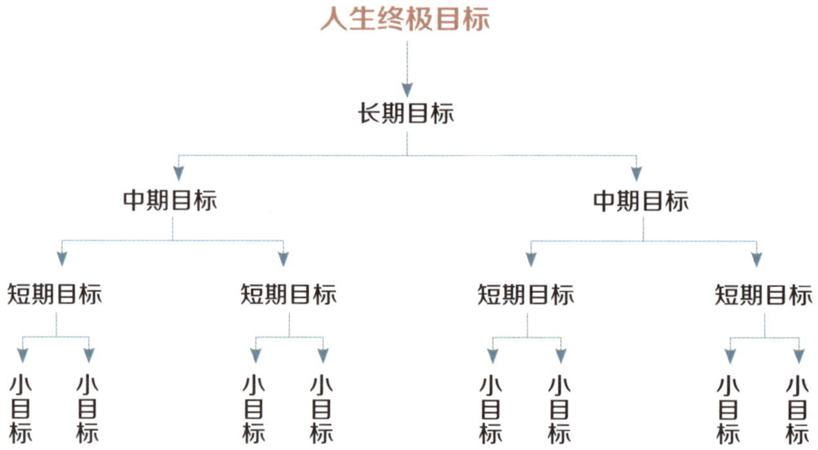

目标金字塔

生涯实践

古语有云：“失之毫厘，谬以千里。”目标一旦有所偏差，最终的结果可能出现很大偏差。生活中你给自己设定了哪些目标呢？你的目标设定科学吗？目标设定可以遵循五条原则，即 SMART 法则。

SMART 法则

1. 明确性（S）

目标是可以观察到的、具体存在的，而不是模糊笼统的。目标越具体，我们实现它的动力就越足，状态就越好。

2. 可衡量（M）

目标尽量以能用数字衡量的方式表达，避免用宽泛的、模糊的、抽象的形式表达。如“我要变得更健康”，如何才是更健康呢？“控制体重在 80 ~ 90 斤”，这就是一个可以衡量的目标。

3. 可达成（A）

目标设定要可达成，不要太高，也不要太低。目标最好有一定挑战性，但通过努力能够实现。如老师布置了需要一个暑假完成的作业，而你计划一天完成，这个目标基本是不可能完成的。

4. 相关性（R）

一个目标与生活中的其他目标是相关联的。如合理膳食与保持健康、高效学习等目标是相关联的。

5. 时限性（T）

目标要有时间限制，应根据任务的难易程度、轻重缓急拟定任务完成时间，以确保任务确定的科学性与可行性。

用 SMART 法则制订短期目标

在学习上，某些科目可能是你的短板。请尝试利用 SMART 法则对自己的弱势学科设定目标计划，并根据学科特点将其分为若干小目标，同时根据 SMART 法则分析自己的目标是否表述明确，符合的画“√”。

	小目标	S	M	A	R	T
短期目标	小目标 1:					
	小目标 2:					
	小目标 3:					
	小目标 4:					

设定目标后，你是如何实现的呢？实现目标的过程充满未知数，也许会遇到很多困难，你是否有科学的实现目标的方法呢？

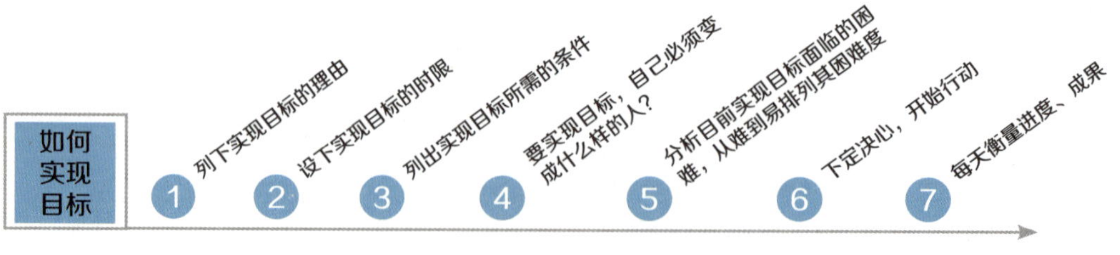

实现目标的一般步骤

小任务：自我探索单

十年后我的目标是________________

1. 实现这个目标我最大的优势是________________

2. 目前我最大的阻力是________________

3. 为了实现它，我应该怎么做？________________

4. 半个学期后，我应该达到什么效果？________________

5. 一年后，我应该达到什么效果？________________

6. 三年后，我应该达到什么效果？________________

生涯驿站

“仰望星空，脚踏实地。”希望你每一天都在不断追求自己的人生梦想，都在完成自己设定的一个个小目标，相信你最终定会完成自己的大目标，取得成功。

收获成长

通过这节课的活动，你有什么收获和感受？你认为确立目标和完成目标中间需要哪些关键的东西？

第四单元

我和未来

愿你在热爱中闪闪发光，遇见最美的自己！

第1课　梦想清单

亲爱的同学们，你们了解自己的喜好吗?

知道有哪些具体的职业或者工种吗?

清楚各种职业类型的特点吗?

你们希望自己将来能从事什么职业?

你们愿意以后在哪些方面为社会做出贡献?

这是一个连锁性的问题。如果你们还没有想明白或正在思考着，都没有关系，那今天就让我们一起开启我们的生涯畅游吧!

生涯探索

恭喜你，你被幸运地选为一名岛屿体验师。

你将免费去以下六个新开发的岛上体验居民生活，在岛上，你完全不用考虑眼前生活中的各种事情，可以尽情享受人生。凭兴趣选出你最想前往的岛屿。不论最终选择哪个岛屿，都必须完成市长发布的任务，为岛的发展做出贡献。

R岛屿——自然原始的岛屿

岛上保留有热带原始植物，自然生态保持得很好，也有动物园、植物园、水族馆。岛上居民自己种植花果蔬菜、修缮房屋、打造器物、制作工具，主要从事各类工程技术工作与农业工作。

I岛屿——深思冥想的岛屿

岛上人迹较少，建筑物多僻处一隅，平畴绿野，适合深思冥想。岛上有多处科技馆、博物馆以及图书馆等。岛上居民喜好沉思、追求真知，主要从事科学研究和实验工作，喜欢和来自各地的哲学家、科学家、心理学家等交换心得。

A岛屿——美丽浪漫的岛屿

岛上到处都是美术馆和音乐厅，弥漫着浓厚的艺术文化气息。岛上的居民乐于创造新颖的、与众不同的东西，渴望表现自己的个性，主要从事各类艺术创作工作。许多文艺界的朋友都喜欢来这里找寻灵感。

C岛屿——现代、井然的岛屿

岛上建筑现代化，是进步的都市形态，安稳舒适，以完善的户政管理、地政管理、金融管理见长。岛民自律认真，有恒心，处事有条不紊，善于组织规划，主要从事各类办公室工作。

E岛屿——显赫富庶的岛屿

岛上的居民精力旺盛，自信，敢于冒险，善长企业经营和贸易，主要从事组织他人共同完成目标的工作。岛上的经济高度发展，处处是高级饭店、俱乐部、高尔夫球场。来往者多是企业家、职业经理人、政治家、律师等，娱乐设施也很丰富。

S岛屿——温暖友善的岛屿

岛上居民个性温和，友善仁慈，乐于助人，社区自成一个密切互动的服务网络，人们互助合作，主要从事为他人服务的工作，重视他人福利，温暖积极，充满人文气息。

你总共有 15 秒钟时间回答以下问题。

1. 如果你必须在 6 个岛之中的一个岛上生活一辈子，你首先会选择哪一个岛？

2. 其次你会选择哪一个岛 ?

3. 再次你会选择哪一个岛？

4. 你绝对不会选择哪一个岛？

选好之后，请将这 4 个问题的答案写在下面的横线上。

通过选择岛屿，可以洞察自己真正的个体类型，厘清自己的职业定位和方向。

交流分享

1. 我为什么选择这个小岛居住？

2. 你所选择的职业属于哪一类？有什么特点？

3. 你选择这个职业的原因是什么？你想通过这个职业获得什么？

4. 你认为你能否做好这个职业，为什么？

兴趣是重要的心理特征之一，是一个人力求认识某种事物或从事某种活动的心理倾向，表现为对某种事物、某项活动的选择性态度或积极的情绪反应。

兴趣是人格的一个方面，具有稳定、持久的特征，兴趣类型实际上反映着人格类型。而在生涯领域，我们更精确地瞄准职业兴趣，也就是人们为了了解某种职业或者进行某种职业活动的心理倾向。当做的事情是符合自身兴趣的时候，就更容易获得更强的信心，得到更好的行为结果和更高的成就感。

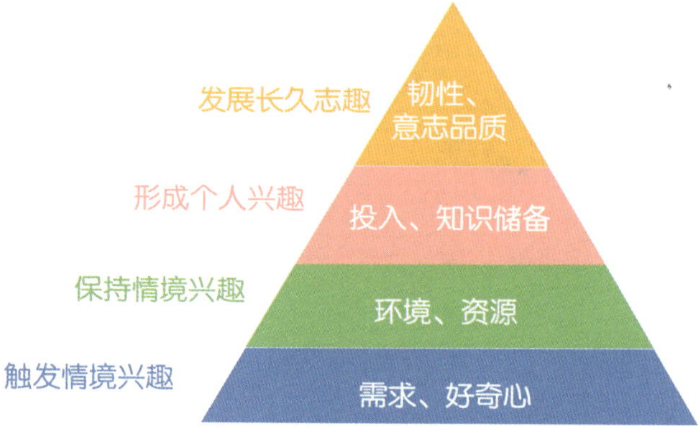

兴趣成长的四个层次

请再次审视一下自身是否有比较长久的兴趣。如果没有，你想如何培养自己的兴趣？兴趣层次的不断升级、兴趣类型的逐渐明晰，都有赖于积极探索与持续投入。

有专家认为，职业兴趣可分为现实型、研究型、艺术型、社会型、企业型和常规型六种类型。

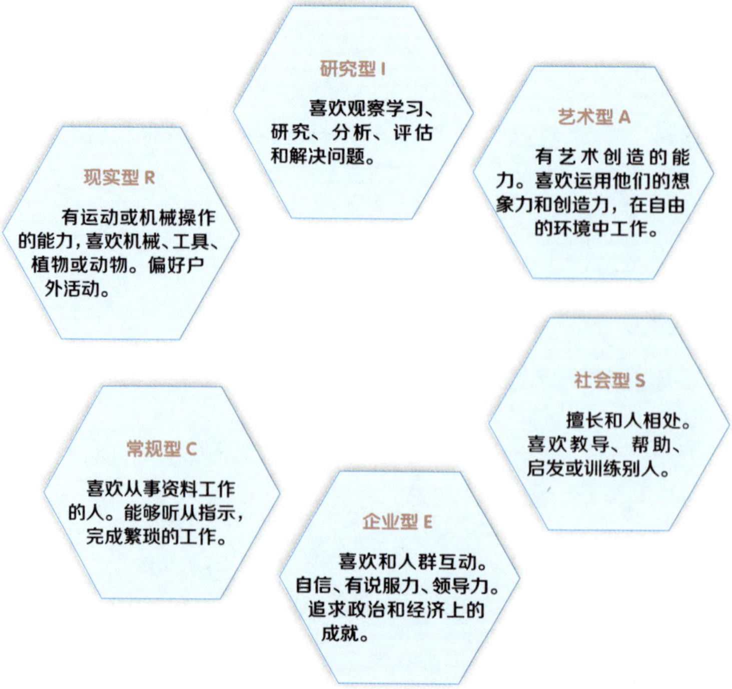

然而，大多数人并不仅有一种职业兴趣倾向（比如一个人的倾向中既包含 S 型，又包含 A 型）。因此，在职业兴趣测评的实施当中，我们往往会用更为复杂的两代码或三代码等方式，更为准确地评定个体的职业兴趣倾向。

我们最终的职业选择可能不仅仅受到兴趣的影响，也与性格、能力、价值观息息相关，但兴趣仍然是我们确定职业理想的首要参考。

生涯实践

为了实现我们的职业理想，现在的我们应该怎么做呢?

我的梦想清单

____

____

____

____

____

这些梦想中，有哪些是为国家和社会的发展分忧解难、承担责任的?

____

____

____

____

____

____

____

行动指南

1. 从自己喜欢的事情开始：工作和学习是一种享受和荣誉。

2. 从简单的事情开始：持续的成就感能帮助我们积累自信心。

3. 学会分解目标：建立“不可能失败”的小目标，微习惯，微梦想。

4. 用清单记录任务：可视化。

5. 学习周围效率高的人的做事方法和生活态度：真正铁的友谊，是在相互鼓励和扶持中建立起来的。

6. 此时此刻立即行动：告别拖延，专注目标实现的过程，不再过度依赖自身无法控制的结果，只有保持平常心才能与自己和平相处。

交流分享

日复盘：

1. 今天最大的成就感是什么？

2. 今天可以改进的地方是什么？

3. 今天我为梦想做了什么积累？

周复盘：

1. 这一周，我最大的收获是什么？

2. 哪三个方面可以让我有更大的进步？

3. 我为自己的梦想做了什么努力？

生涯驿站

心理学研究表明，视觉化对某件事的想象能激活大脑中相应的区域，把要追求和实现的目标变得直观，迷茫的时候，它可以给自己动力和方向。有时候梦想不能实现的原因，是没有从根本上说服自己“我可以实现这个梦想”。

收获成长

通过这节课的活动，你有什么收获和感受？期待你的梦想之光照进现实！

第 2 课　我是面试官

选择职业的时候，我们会根据自己的标准对职业有所要求，一份好的职业是能够调动你的兴趣，发挥你的优势，让你有成长感和价值感的。今天通过模拟校园招聘会，让我们清楚地认识自己的优势，制订未来的发展目标。

生涯探索

为什么要工作？

1. 为了满足自己的衣、食、住、行等基本生活需求；
2. 为了父母等家人有更高质量的生活；
3. 作为一个社会人，有助于实现个人的人生价值；
4. 通过工作能使自己的生活更加充实，精神境界更加开阔；
5. 在工作中，在与人的交流中找到与自己兴趣相投的朋友，快乐地度过自己充实的一生；
6. ________________________________；
7. ________________________________；
8. ________________________________。

求职过程中，参加招聘会是一个非常重要的步骤。你能够在简短的几分钟内向招聘人员展示你的能力、优势、特点，证明你是这个职位的最佳人选吗？

每个人制作一份个人应聘的简历。

1. 自我介绍：

____

____

2. 我的优势：

____

____

3. 我的父母和家庭对我的影响：

4. 我的三个最大的兴趣：

5. 我做过的最有成就感的事情：

6. 我的职业目标：

7. 为了达到职业目标我做了哪些准备？

8. 对于这项工作，有哪些可预见的困难？

9. 如果我被录用，打算怎样开展工作？

10. 如果我没有被录用，我会怎么办？

假如你是面试官，你会怎么考查求职者呢？在面试之前，请你首先填写一份《职业能力考查表》吧。

职业能力考查表

序号	考查什么	如何考查	为何考查
1			
2			
3			

（续表）

序号	考查什么	如何考查	为何考查
4			
5			
6			
…			

交流分享

小组交流自己设置的《职业能力考查表》。

生涯实践

求职大考查

1. 每小组选出一个代表，阐述三个最重要的考查点，并阐明理由以及考核方式。
2. 下一个小组不可重复阐述考查点，但可以对考查方式进行补充。
3. 当所有小组阐述完毕后，可自由补充。

情景模拟：你好，面试官

1. 在班级中选择 3 ~ 5 名同学作为面试官，8 名同学作为求职者。设置求职面试场景，其他同学围在四周坐好，并保持安静。

2. 求职者提前准备好自己的简历依次进入面试环节，面试官针对求职者的求职岗位进行提问。

3. 面试结束后，小组点评，选出最佳求职者和最佳面试官。

生涯驿站

通过角色扮演和角色互换，同学们可以感受到以管理者的身份对应聘者提出职业要求，能激发同学们思考自己与职业理想的差距，在实践中体验成长，从而建立长远的生涯意识，实现幸福人生。

收获成长

通过这节课的活动，你有什么收获和感受？你了解了自己的职业兴趣和所需要的职业素养了吗？

第 3 课　幸福账本

小猪问猪妈妈："妈妈，幸福在哪里？"猪妈妈告诉小猪："幸福在你的尾巴上。"小猪听后，每天都在想方设法咬自己的尾巴。一天，小猪问妈妈："妈妈，幸福真在尾巴上吗？为什么我总抓不到它？"猪妈妈笑着说道："幸福在你的尾巴上，你每天快乐地生活着，它就幸福地跟在你的身后，与你前行。"

交流分享

幸福是一种主观感受，不同的人有着不同的幸福观。你认为什么是幸福呢？你觉得自己幸福吗？

生涯探索

幸福账本可以让我们记录自己的积极情绪，了解自己的幸福感受。请动手制作自己的幸福账本吧。

首先设计幸福账本的封面，封面必须包含的信息有"我的幸福账本"和"姓名"，也可根据自己对幸福的理解设计成相关图形。从第二页开始到最后一页，依次在每页上方写上"周一、周二、周三、周四、周五、周六、周日"。幸福账本的每一页又可分为"幸福之星"和"幸福时刻"两部分："幸福之星"主要用于对你的幸福感受进行总体评价，满分为十颗星；"幸福时刻"用于记录每一天让你感到开心和幸福的事情。

今天你觉得自己幸福吗？你的幸福指数有几颗星呢？请根据你的主观感受，用彩色笔给星星涂色，对今天的幸福感进行评价。以6人为一小组，小组成员间互相交流、分享幸福账本上涂色的每颗星星代表的含义。

星期________

幸福之星

☆ ☆ ☆ ☆ ☆

☆ ☆ ☆ ☆ ☆

幸福时刻

____

____

____

____

幸福是什么？

幸福是你脸上灿烂的笑容，那是一首甜美的歌；

幸福是运动场上矫健的身姿，那是跳动的音符；

幸福是阳光，温暖人们的心；

幸福是生病时的一杯温水，是困难中的一声问候；

幸福是一种感觉，却可以描在眉间、画在脸上、写在心底。

幸福不仅是获得，是物质满足，更是懂得付出，是精神满足。

其实，生活中并不缺少幸福，而是缺少发现幸福的眼睛、耳朵和心灵。如果我们能用心去感受、去体验，就会发现其实生活中处处都有幸福。

交流分享

在对幸福有新的认识后，请你再次为自己的幸福指数进行评分。小组交流新增的幸福之星所包含的内容，分析幸福指数提升的原因。

完成小组“幸福之星”统计表，总数最高的小组，其组员将被评为“幸福大使”。选一位“幸福大使”代表，就“如何生活得更幸福”进行主题分享。

“幸福之星”统计表						
学生姓名						
“幸福之星”数量						
“幸福之星”合计数						

生涯实践

小美是英语科代表，她的英语成绩在班级中一直名列前茅，不料在本学期期中考试中发挥失误。为此，她一直闷闷不乐。假如现在你是“幸福大使”，你会怎样帮助她？

幸福是热爱生活、热爱生命之人宁愿倾其一生去探究、去追求的，它受诸多因素影响。有研究者经过研究与整合提出了幸福方程式。

幸福方程式

快乐 = 定位点 + 条件 + 自发性活动

在幸福方程式中，定位点是既定因素，我们不能改变，只能接受。在条件中，文化、颜值、性别等我们很难改变，但健康、学习、财富、成功、人际关系等条件是可以改变的。自发性活动是我们可以掌控的因素，也是获得幸福的重要途径。

人的幸福感有 50% 来源于幸福定位点，10% 由生活环境条件决定，剩下的 40% 由我们的思想和自发性活动决定。人的主观性活动会对幸福水平产生巨大影响，所以我们只要行动起来，坚持不懈，就能远远超过幸福定位点及生活环境对我们的影响。

幸福有秘诀吗？其实是有的。我们或许可以遵循下面这些建议，获得更多的幸福。

沙哈尔对幸福的十条心理建议

这十条建议看似普通，但当我们真正去做的时候就会感到几乎所有的积极心理都被调动起来，身心愉悦，幸福感也随之提升。你可以试试哦！

你可曾听说过世界微笑日？微笑是快乐与幸福的直观体现，它如阳光般让人倍感温暖，给我们满满的能量；它可以让人心情舒畅、精神振奋，同时传递给人愉快、友善的情感信息。今天你微笑了吗？请以“世界微笑日”为主题，以微笑创意照片拍摄、微笑美文撰写等形式开展实践活动，以传递更多的正能量与幸福感。

微笑创意照	微笑美文

生涯驿站

幸福有时很具体，有时却很抽象，我们只要细心寻找、用心感知，就会发现生活中每天都潜藏着许多幸福时光，然而我们却时常忽视或遗忘了这些幸福时光。请每天晚上回忆当日让你感觉幸福的事情，并将其记录在幸福账本的“幸福时刻”中。当你情绪低落时，当你感觉不幸福时，便打开幸福账本寻找快乐与幸福。

收获成长

通过这节课的活动，你有什么收获和感受？你知道怎么感知幸福了吗？

第 4 课　人生曲线

启功先生是我国著名的书画家、教育家、古典文献学家、鉴定家、红学家、诗人、国学大师。启功先生曾经给北京师范大学的学生送过一首诗，作为毕业箴言："入学初识门庭，毕业非同学成。涉世或始今日，立身却在生平。"这四句诗用浅显易懂的语言说明了生涯发展、学习成长、融入社会、做好自己都是一生的事情。

生涯探索

请同学们拿出一张白纸，在纸上一笔画出自己已经走过的人生轨迹，在每个高峰和低谷上标注具体的事件与时间。

用"一笔画"展示人生的各个阶段。这需要同学们全面深入地回顾自己的人生，所以要思考清楚后再落笔哟。

____________的生命线

交流分享

1. 谈一谈：在生命的高峰和低谷，你分别经历了什么？你是如何选择与应对的？这对你的人生有怎样的启发？

2. 如果用虚线代表你对未来的预期，它会是什么走向呢？

生涯实践

我们的生命不止一种精彩，美好的生命涉及诸多方面的发展。我们要看到生活的全貌，发现自己真正想做的事情，并让它们相互平衡、支持、启发，以期实现目标。

我们今天要播种的生命之花，包括身体健康、能力培养、品行修养、兴趣爱好、学业成就、人际交往、娱乐休闲七方面的内容，还有一个可以由你自定义的方面。它们共同组成了你的生命之花。更多的面积代表更高的投入和花费更长久的时间。在未来的人生中，你想开出什么样的生命之花呢？请在下图内完成你的生命之花。

（可根据情况调整圆内虚线位置）

1. 你在哪个部分画了最大的花瓣，为什么？

____

2. 请换一个颜色再涂一次，这次涂的花瓣代表你的现状，看看与自己的理想状态有多少差距。

____

3. 列出能够实现你梦想的 8 个阶段性小目标，你想要做些什么来达成理想状态？

____

4. 要达成这 8 个目标，你需要完成哪些事情？写在下面的横线上，越多越好。

____

____

____

如果给十年、二十年、三十年后的自己写一封信，你会写什么呢？你会感激什么呢？你想通过怎样的努力实现自己的理想呢？

给未来的一封信

未来的“我”：

你好！

____

____

____

____

____

____

____

____

现在的“我”

年　　月　　日

生涯驿站

个体的发展是一生的过程，具有多样的形式、复杂的构成、极强的可塑性，是由多重因素共同决定的。我们要用终身可持续发展的心态看待自己的人生，相信努力和挫折可以不断提高自身的能力，每一次挑战都是让你变得更强大的机会。

收获成长

通过这节课的活动，你有什么收获和感受？如果 20 年后你重新回顾你的初中生活，他会对现在的你说什么？